Auf dem Südchinesischen Meer greifen Piraten noch heute vietnamesische Familien an, die ihr Land mit all ihrem Hab und Gut verlassen, um an einem anderen Ort ein besseres Leben zu führen. Diese Flüchtlinge nennt man „Boatpeople".

Piraten der Gegenwart

Heutzutage sind die Meere sicherer. Handelsschiffe sind besser geschützt und die wichtigsten Meeresstraßen werden überwacht. Dennoch bleiben einige Regionen auf der Welt gefährlich. Diese Gegenden sind schwer zu überwachen, denn hunderte Inseln bieten den Piraten Zuflucht und Schutz. So überfallen die Piraten in Indonesien und auf den Philippinen beispielsweise Fischerboote und Schiffe, die die einzelnen Inseln mit Waren versorgen. Sie bedrohen die Besatzung mit Waffen und rauben auch Frachter aus, die Videorekorder, Fotoapparate und Motorräder aus Singapur oder Hongkong geladen haben.

Moderne Piraten

In der heutigen Zeit haben die Wörter „Pirat" und „Piraterie" eine neue Bedeutung bekommen. Bei Flugzeugentführungen spricht man von „Luftpiraten". Wenn man sich mithilfe von Computern oder Bankkarten Informationen verschafft, handelt es sich um „Datenpiraterie".

PIRATEN AUF DEM MITTELMEER

Die ältesten Piratenabenteuer ereignen sich auf dem Mittelmeer. Die rund um das Mittelmeer angesiedelten Völker sind uns durch ihre kulturellen Hinterlassenschaften wohl bekannt. Schon in der Antike befahren Griechen, Etrusker und Phönizier das Mittelmeer. Sie erobern neue Gebiete und treiben Handel. Bereits im 7. Jahrhundert v. Chr. wecken die kostbaren Ladungen griechischer und phönizischer Handelsschiffe das Interesse von Seeräubern. Auch das große Römische Reich ist gezwungen, im 1. Jahrhundert v. Chr. gegen Piraten vorzugehen, um seine Getreideimporte zu schützen.

Ein Paradies für Seeräuber

Die nördlichen Mittelmeerküsten sind mit Buchten durchsetzt und von kleinen Inselgruppen durchzogen. Das ist für Piraten ein ideales Gelände. Die Inseln bieten ihnen Zuflucht und wunderbare Verstecke und liegen außerdem auf den damaligen Haupthandelswegen. Somit eignen sich diese Gegenden bestens für Angriffe, besonders im Ägäischen Meer oder in der Adria (siehe Karte).

In der Antike und im Mittelalter sind Städte wie Venedig und Genua wichtige Handelszentren. Waren aus ganz Europa und selbst aus dem Orient werden dort getauscht. Eintreffende oder abfahrende Schiffe sind beliebte Angriffsziele der sizilianischen, katalanischen oder maltesischen Piraten.

Regelrechte Handelspiraten – die Phönizier

Phönizien lag ungefähr auf dem Gebiet des heutigen Syrien. Seit dem 7. Jahrhundert v. Chr. betreiben die Phönizier blühenden Handel und verschiffen wertvolle Ladungen von Metallen (Zinn, Silber und Kupfer). Häufig werden sie auf hoher See von Griechen angegriffen. Sie entern aber selbst auch griechische Schiffe und nehmen die Mannschaftsmitglieder gefangen, um sie als Sklaven weiterzuverkaufen.

WISSEN MIT PFIFF

PIRATEN

WAS KINDER ERFAHREN UND VERSTEHEN WOLLEN

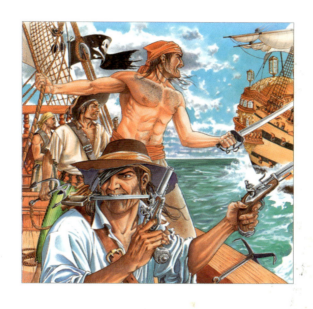

Idee:
Emilie Beaumont

Text:
Stéphanie Redoulès

Illustrationen:
M.I.A. – Andrea Bianchi Carnevale

Aus dem Französischen von
Annette Hamlischer

FLEURUS VERLAG

DIE SEERÄUBER

Man nennt sie Piraten, Schurken, Freibeuter oder Korsaren. Sobald sie auf den Meeren auftauchen, wird es gefährlich. Lange Zeit gelten Seeräuber als tapfere Matrosen und Furcht erregende Kämpfer, die gierig sind nach Reichtum und weder das Meer noch den Tod fürchten. Jahrhundertelang versetzen sie Händler auf dem Mittelmeer in Angst und Schrecken. Später durchkreuzen sie auch das Karibische Meer und greifen Handelsschiffe an, die Waren zwischen Amerika und Europa transportieren. In manchen Regionen gibt es auch heute noch Piraterie, wie z.B. im Südchinesischen Meer.

Seit wann gibt es Piraten?

Piraten gibt es, seitdem Menschen auf das Meer hinausfahren, um Waren zu transportieren. Schon im Altertum greifen Phönizier (sie leben im Gebiet des heutigen Syrien) und Griechen Handelsschiffe an und erbeuten die Schiffsladungen. Die Piraten überfallen aber auch Dörfer und entführen Menschen, die sie als Sklaven verkaufen. Bis ins 5. Jahrhundert v. Chr. gilt die Piraterie in Griechenland sogar als ehrliche Arbeit.

Nach einer griechischen Sage wird Dionysos, der Gott des Weines, von Piraten gefangen genommen, als er auf einer Insel friedlich schläft. Die Männer ahnen nicht, dass dieser Gefangene ein Gott ist, und wollen ihn versklaven. Da wird Dionysos so wütend, dass er Wein und Efeu über das Boot wachsen lässt. Die Ruder verwandelt er in Schlangen und sich selbst in einen Löwen. Daraufhin springen die erschrockenen Piraten über Bord und Dionysos verwandelt sie in Delfine.

Von Königen ausgestellte Kaperbriefe erlauben es den Piraten, in Kriegszeiten feindliche Schiffe straflos zu entern. Der Kaperbrief ist ein offizielles Dokument.

Piraten, Freibeuter und Korsaren

Das Wort „Pirat" stammt von dem griechischen Begriff „peiratès" und dem lateinischen Begriff „pirata" ab. Es bedeutet „jemand, der sein Schicksal herausfordert und angreift". Der Pirat ist ein Abenteurer. Er fährt über die Meere und überfällt Schiffe auf der Suche nach Waren zum Weiterverkaufen. In Kriegszeiten stellen z.B. die Könige von England und Frankreich Piraten Kaperbriefe aus.

Sie erlauben es den so genannten Freibeutern, feindliche Schiffe auszurauben. Die Könige erhalten dafür einen großen Teil der Beute. Doch im Laufe der Geschichte haben Freibeuter, wie z.B. die französischen Korsaren, auch in Friedenszeiten Schiffe angegriffen und die Beute selbst behalten.

Piraterie in Griechenland

In Griechenland wird die Piraterie bis ins 5. Jahrhundert v. Chr. nicht bestraft. Für einen Teil der Küstenbevölkerung ist sie sogar ein Mittel, den Lebensunterhalt zu sichern.
Später wird die Piraterie nur noch im Kriegsfall geduldet, ansonsten bekämpft man sie. Wenn es jedoch Unruhe zwischen den Städten gibt und Not und Krieg herrschen, schließen sich zahlreiche Griechen den Piraten an. Doch diese Entscheidung muss gut überlegt sein, denn gefangene Piraten fesselt man an den Händen und wirft sie über Bord.

Als Rom die Piraten bekämpft

Im 1. Jahrhundert v. Chr. greifen die Piraten römische Schiffe an, die Getreide importieren. Sie entführen Konsuln (das sind die obersten Beamten der römischen Republik) und wagen es sogar, Ostia, die Hafenstadt Roms, anzusteuern. Im Jahr 67 v. Chr. entschließt sich der römische General Pompeius zu den äußersten Mitteln zu greifen, um den Handel zu schützen: Man sagt, er habe 5000 Galeeren und 120 000 Mann losgeschickt, um das Mittelmeer zu überwachen und alle Inseln nach Piraten abzusuchen.
Die gefangenen Piraten haben die Wahl zwischen Tod und Kapitulation. Ergeben sie sich, müssen sie ins römische Heer eintreten.

Pompeius

Die Sklaverei

In der Antike gibt es viele Sklaven. Sie müssen auf den großen Ländereien und in den Bergwerken arbeiten oder ihre Herren bedienen. Sklavenmärkte sind weit verbreitet. Der Bedarf an Sklaven ist groß. Deshalb nehmen die Piraten oft Gefangene, um sie als Sklaven weiterzuverkaufen.

Wer sind die Barbaresken?

Die Barbaresken sind islamische Seeräuber, die von der in Nordafrika gelegenen Berberküste aus christliche Schiffe im Mittelmeer überfallen. Zwischen dem 12. und 17. Jahrhundert führen sie mit ihren schnellen Galeeren verheerende Angriffe durch. Nehmen sie die Schiffsbesatzung gefangen, droht den Verschleppten in Afrika ein Leben in der Sklaverei.

Zu den berühmtesten Barbaresken gehören die Brüder „Barbarossa" (Rotbart).

AUF NORD- UND OSTSEE

Nach dem Ende der Überfälle der Wikinger in Nordeuropa im 10. Jahrhundert entstehen hier zahlreiche Gruppen von Piraten. Durch den Atlantik, den Ärmelkanal, die Nordsee und die Ostsee führen die wichtigsten Routen der europäischen Handelsschiffe. Nach dem Rückzug der Wikinger nimmt der Handel wieder zu. Schon früh schließen sich englische, normannische und bretonische Piraten an den Küsten zu kleinen und großen Bruderschaften zusammen. Sie werden zum Teil aus politischen und religiösen Gründen von ihren Ländern unterstützt.

Neue Handelswege

Nach den Übergriffen der Wikinger gehen die Handelsgeschäfte etwas zurück, doch im 13. Jahrhundert blüht der Handel wieder auf. Es zeichnen sich wichtige Handelsrouten ab: eine führt über Belgien nach Russland, eine andere verbindet die Niederlande mit England. Prächtige Schiffe aus Venedig oder Genua steuern die großen Häfen des Nordens an wie London, Antwerpen oder Brügge.

Wer sind die Piraten im Norden?

Manche Seeräuber im Norden sind schlichtweg arme Menschen, die auf den dänischen, englischen oder bretonischen Inseln von Handelsschiffen angelockt werden. Bei schlechtem Wetter beherbergen sie die Schiffsmannschaften, die in Seenot geraten sind, und stehlen ihre Ladung. Andere wiederum beobachten von den Küsten aus die vorbeifahrenden Schiffe und greifen sie aus dem Hinterhalt an. Diese Piraten terrorisieren im 13. und 14. Jahrhundert die Händler auf dem Ärmelkanal und dem Atlantik.

Im 15. und 16. Jahrhundert gibt es in England ein gut organisiertes Netz von Schmugglern und Piraten: Jeder Hafenkapitän, Zollbeamte oder Bürgermeister hat seine feste Rolle und bekommt einen Anteil der Beute.

Die Vitalienbrüder

Im 13. Jahrhundert tauchen auf der Ostsee die Vitalienbrüder auf. Das sind Piraten, die der dortigen Handelsflotte großen Schaden zufügen. Sie stammen von der Ostseeinsel Gotland, wo sie dem Schutz der Grundherren unterstehen, die einen Teil der Beute kassieren. Den Vitalienbrüdern fallen vor allem Schiffe der Hanse zum Opfer. Das ist ein Handelsverband, zu dem mehrere große Städte Nordeuropas gehören. Diesen Banditen gelingen so viele Angriffe, dass sich die Hanse auf die Jagd nach ihnen macht. Ihr Anführer Störtebeker wird 1402 in Hamburg hingerichtet.

Klaus Störtebeker ist der letzte Kapitän der Furcht erregenden Vitalienbrüder. Seine Körpergröße ist beeindruckend. Es heißt, er habe Unmengen Gold im Mast seines Schiffes versteckt.

Mit königlicher Unterstützung

Obwohl Europa von religiösen Konflikten gespalten ist, ermutigt die englische Königin – selbst Protestantin – um 1570 Piraten, die Schiffe der katholischen Spanier anzugreifen. 1585 bricht der Krieg zwischen England und Spanien aus und Königin Elisabeth I. begnadigt alle Piraten. Diese treten daraufhin in die englische Armee ein. Nach Ende des Krieges wird die Piraterie wieder durch die königlichen Truppen bekämpft.

Im Dienst des Königs

Im 17. und 18. Jahrhundert rivalisieren auf dem Ärmelkanal zahlreiche französische Korsaren. Die Schiffe werden von reichen Reedern zur Verfügung gestellt, die auch die Mannschaften zusammenstellen. Mit einem Kaperbrief (siehe S. 6) darf ein Kaperkapitän englische Schiffe angreifen, um ihre Ladung aus dem Orient zu rauben, denn zwischen Frankreich und England herrscht Krieg. Die Beute wird dann zwischen König, Reeder, dem Korsar und dessen Besatzung aufgeteilt.

Während ihrer Herrschaft schützt Elisabeth I. die Freibeuter, die dem Königreich durch die Plünderungen spanischer Schiffe Geld einbringen. Auf dem Bild adelt sie den Freibeuter Francis Drake.

VON EUROPA IN DIE KARIBIK

Im Jahr 1492 entdeckt Christoph Kolumbus Amerika und glaubt Indien erreicht zu haben. Wenig später erobern Spanier und Portugiesen diese neuen Gebiete und finden die unglaublichen Schätze der Azteken und Inka. Bald kursieren in Europa Gerüchte über die Goldreserven und Edelsteine in der Neuen Welt. Sowohl Spanier als auch Portugiesen wollen diese Reichtümer nicht mit den anderen europäischen Ländern teilen. Für die Piraten und Freibeuter sind die schweren Schatzgaleonen der Spanier und Portugiesen jedoch eine verheißungsvolle und leichte Beute.

Die Entdeckung der Neuen Welt

Kolumbus eröffnet dem spanischen Königreich die Pforten zur Neuen Welt. Zwischen 1492 und 1504 entdeckt er Kuba, Haiti, die Dominikanische Republik, Guadeloupe, Puerto Rico, Jamaika und die Küste Mittelamerikas. 1519 landet der Spanier Cortés in Mexiko und 1531 erreicht Pizarro Chile. Spanien und Portugal beschließen 1494 im Vertrag von Tordesillas die Aufteilung der neuen Territorien unter sich. Die anderen europäischen Länder gehen leer aus.

Getrieben von ihrer Gier nach Gold zerstören die Eroberer schließlich die Reiche der Azteken und Inka.

Der Ruf des Goldes

Engländer und Franzosen nehmen es nicht hin, dass sie bei der Verteilung der neuen Gebiete ausgeschlossen werden. Mit der Unterstützung ihrer Länder versuchen englische und französische Freibeuter von den berühmten Goldbergen auch ihren Teil abzubekommen. 1522 plündert Jean de Fleury als erster französischer Korsar drei Karavellen von Cortés auf dem Atlantik. Die Beute ist von unfassbarem Wert: 58 000 Goldbarren und unzählige Edelsteine, die Cortés dem letzten Aztekenherrscher geraubt hat. Fleurys Männer machen sich mit der Beute aus dem Staub. Diese Nachricht lockt viele Piraten in die Karibik.

Der Sklavenhandel

Um die Bodenschätze der neuen Territorien abbauen zu können, brauchen die spanischen und portugiesischen Eroberer Sklaven. Anfangs müssen Indianer, die Ureinwohner Amerikas, für die neuen Herren schuften. Doch sie sterben zu Millionen an unbekannten Krankheiten, die die Europäer mitbringen, Verschleppung und Zwangsarbeit. Daraufhin werden unter schrecklichen Bedingungen Sklaven aus afrikanischen Kolonien nach Amerika transportiert.

Die Sklaven werden an der afrikanischen Küste auf Schiffe gebracht und im Laderaum zusammengepfercht. Völlig unterernährt überleben viele von ihnen die mehrwöchige Überfahrt nach Amerika nicht.

Die Europäer bauen einen Dreieckshandel auf: Sie brechen von den normannischen und bretonischen Häfen zunächst zur afrikanischen Küste auf, um dort ihre Waren gegen Sklaven zu tauschen. Dann segeln sie weiter nach Amerika und verkaufen die Sklaven an die spanischen und portugiesischen Eroberer. So machen sie auf jeder Fahrt Gewinn.

Die Freibeuterei kann beginnen

Die Eroberer sammeln ihre Reichtümer in den Häfen von Vera Cruz (Mexiko), Puerto Bello (Panama) und Cartagena (Kolumbien). Ihre Schiffe fahren nach Havanna, das auf der Insel Kuba liegt. Von dort aus müssen die Galeonen bis Spanien noch 7000 km zurücklegen. Doch die Karibik ist ein unruhiges Meer: Zwischen Juli und Oktober fegen schlimme Wirbelstürme über sie hinweg. Zudem machen Winde und Strömung die Umkehr der Schiffe unmöglich. Seit Beginn des 16. Jahrhunderts nutzen von der Atlantikküste stammende Freibeuter diese Gegebenheiten aus und machen die Inseln der Karibik unsicher.

SCHIFFE IN DER KARIBIK

In der Antike fahren Galeeren über das Mittelmeer. Im 15. Jahrhundert segelt Christoph Kolumbus mit seinen Karavellen als Erster von Europa über den Atlantik bis in die Karibik. Bald folgen ihm große spanische Galeonen, die die Reichtümer der Neuen Welt nach Europa bringen. Um diese schweren Schiffe angreifen zu können, brauchen die Piraten schnelle und wendige Boote. Die Mannschaft der Piratenschiffe muss sich mit wenigen Instrumenten und Karten orientieren können, damit sie die Transportschiffe nicht verfehlt und schnell ein Versteck findet.

Auch die wendigen, leichten und schnellen Brigantinen und Slups werden in der Karibik von Piraten geentert.

Kleine Brigantine

Nur die reichen Reeder besitzen genügend Geld, um ein Schiff bauen zu können. Man braucht gute Arbeiter, Material und Zeit. Die Piraten kapern ein Schiff auf hoher See oder wenn es in einem Hafen liegt.

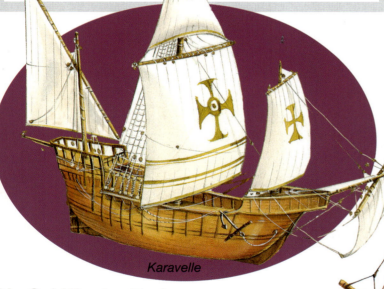

Karavelle

Die Schiffe der Eroberer

Bei den ersten Reisen nach Amerika benutzt man Karavellen, die zwar zuverlässig, aber nicht gut an die regionalen Gegebenheiten angepasst sind. Also werden die Segel umgebaut, der Rumpf mit Blei verstärkt und die Masten neu konstruiert. So entstehen die berühmten Galeonen, die man im 17. Jahrhundert auch „die Könige des Atlantiks" nennt. Da man sie jedoch nur schwer steuern kann, sind sie den Angriffen der Piraten und Freibeuter fast wehrlos ausgesetzt. Daraufhin segeln die Eroberer nur noch in Gruppen von mehreren Schiffen.

Die schmalen und flachen Schiffe der Piraten sind schneller und wendiger als die mächtigen Schiffe, die die Waren transportieren. Deshalb statten die reichen Eigentümer ihre Handelsschiffe mit Kanonen aus. Die Piraten hingegen besitzen selten solche Waffen.

Im 18. Jahrhundert zählen kleine Fregatten mit zehn Kanonen zu den größten Schiffen. Sie werden in Handel und in der Freibeuterei eingesetzt.

Slup

Kleine Fregatte

Welches Schiff ist das beste?

Das Piratenschiff schlechthin gibt es nicht. Aber alle Schiffe der Piraten müssen einige wichtige technische Eigenschaften besitzen:

- Das Schiff darf nur einen flachen Rumpf und damit einen geringen Wasserwiderstand haben, sodass die Räuber sich den Küsten nähern können, ohne dass das Schiff an Korallenriffen beschädigt wird.
- Ein Teil des Rumpfes muss mit mehreren Lagen Kupfer verstärkt sein, damit das Holz in warmen Meeren nicht von Algen oder Weichtieren befallen wird.
- Der Laderaum muss so groß sein, dass er ausreichend Platz für die gesamte Mannschaft und die Beute bietet.

Galeonen für 200 Männer mit zehn Kanonen und einem tiefen Laderaum werden sowohl als Handels- als auch als Schlachtschiffe eingesetzt.

Genaue Karten, die von Jahr zu Jahr verbessert werden, und Logbücher mit Zeichnungen und Messungen sind wichtig, um Küsten besser beschreiben und Entfernungen besser bestimmen zu können.

Messgerät zur Bestimmung von Entfernungen

Fernrohr zur Überwachung des Horizonts

Die Messgeräte

Schon im 16. Jahrhundert gibt es nützliche Navigationsinstrumente, doch die Piraten können sich diese seltenen Geräte kaum leisten. Sie müssen ihrer Erfahrung auf See vertrauen, die Vögel, den Himmel und das Meer beobachten. Manchmal haben sie auch das Glück, Meereskarten zu erbeuten.

Der Kompass zeigt den Seefahrern die Himmelsrichtungen an.

Mit einem Sextanten oder dem Jakobsstab (rechts) kann man seine Position nach dem Stand der Sterne berechnen.

DAS LEBEN AN BORD

Viele Piraten haben früher als Matrosen gearbeitet und kennen das Leben auf hoher See bestens. Trotzdem stellen die Enge an Bord, die langen Monate auf See, das oft wochenlange Warten auf einen Angriff sowie die Nahrungsknappheit die Geduld der Männer auf eine harte Probe. Der Piratenkapitän sorgt mit strengen Vorschriften für Disziplin an Bord, was manchmal zu einer Meuterei führt. Damit es nicht zu Aufständen und Handgreiflichkeiten kommt, herrschen bei den karibischen Freibeutern genaue Regeln, an die sich die ganze Mannschaft halten muss.

Die Regeln der Freibeuter

Bei den Freibeutern herrschen strenge Regeln, damit jeder an Bord gleich behandelt wird. Die Besatzung stimmt ab, wer Kapitän wird, kann ihn aber ebenso wieder abwählen. Ein weiterer gewählter Mann sorgt für Ruhe, wenn es Streit gibt. Die meisten Regeln bestimmen, wie die Beute aufgeteilt wird und wie Männer, die bei einem Angriff Gliedmaßen verlieren, entschädigt werden. Festgelegt ist außerdem, dass diejenigen, die ihren Posten im Kampf verlassen oder an Bord stehlen, allein auf einer einsamen Insel ausgesetzt werden.

Das Leben als Pirat

Piraten träumen von großen Reichtümern, aber nur selten erbeuten sie einen richtigen Schatz. Das Leben auf einem Piratenschiff ist hart: Peitschenhiebe gehören genauso dazu wie schwere Arbeit und karge Ernährung. Deshalb gibt es viele Streitereien und oft Aufstände.

Wer gehört zur Mannschaft?

Ein Zimmermann an Bord ist eine große Hilfe: Er wird nämlich gebraucht, wenn das Schiff beschädigt wird. Bei Kämpfen, Stürmen oder gefährlichen Manövern muss der Piratenkapitän schnell handeln, damit das Schiff nicht kentert. Auch ein Böttcher darf an Bord nicht fehlen. Er ist zuständig für die Herstellung von Holzfässern, in denen Waren, Lebensmittel und Trinkwasser transportiert werden. Im Idealfall gehört auch ein Arzt mit zur Besatzung.

Erste Hilfe

Krankheiten und Verletzungen treten an Bord häufig auf. Manche Piraten haben gelernt, Krankheiten mit Pflanzen und Kräutern, die sie auf den Inseln finden, zu heilen. Verletzungen entzünden sich schnell, sodass der Verwundete oft nur noch durch eine Amputation vor dem Tod gerettet werden kann. Betäubungsmittel sind selten. Wenn der Kranke nicht an den Folgen der Operation stirbt, bekommt er ein Holzbein oder einen Hakenarm. Bei Angriffen verlieren die Männer durch umherfliegende Holzsplitter manchmal sogar ein Auge.

Piraten erkranken häufig an Skorbut, einem Mangel an Vitamin C: Die Zähne fallen langsam aus und der Körper ist insgesamt geschwächt. Im schlimmsten Fall ist die Krankheit tödlich. Im 18. Jahrhundert findet man heraus, dass man dem Vitaminmangel durch frisches Obst und Gemüse vorbeugen kann.

Ernährung auf dem Meer

An Bord ist es eng und man hat nicht viel Platz, um Tiere zu halten. Konserven gibt es noch nicht, daher verderben die Lebensmittel schnell. Das Trinkwasser wird in den Holzfässern faulig. Wenn sich keine Ratten darüber hermachen, hält sich Gebäck immerhin über mehrere Wochen. Das Geflügel legt frische Eier. Im übrigen leben die Männer fast nur vom Fischfang. Man erzählt sich, dass die Seeleute in Hungerszeiten sogar Lederfetzen gegessen haben, um nicht zu verhungern!

DIE AUFENTHALTE AN LAND

Während der kurzen Zeit an Land genießen die Piraten das Leben. Sie essen und trinken im Überfluss, feiern Tag und Nacht und verprassen dabei fast ihr ganzes erbeutetes Geld. Für ein paar Tage vergessen sie alle Gefahren, ihre Verletzungen und das harte Leben auf dem Meer. Aber die Aufenthalte an Land dienen nicht nur der Erholung, die Piraten müssen auch arbeiten. Sie müssen das Schiff vor dem nächsten Abenteuer wieder instand setzen und Proviant besorgen.

Lang ersehnte Freuden

Nach wochenlangen Strapazen und heftigen Kämpfen auf hoher See träumen die Piraten vom ausschweifenden Leben an Land. Sie feiern ausgelassen und geben ihr Geld schnell wieder aus. In den Tavernen schlagen sie sich die Bäuche voll und berauschen sich an Rum und Bier. In der Gesellschaft von Frauen feiern die Seeräuber ihre Rückkehr an Land und beim Karten- oder Würfelspiel geht es hoch her. Die Wirte freuen sich über das viele Geld, das sie durch die Piraten verdienen.

An die Arbeit!

Die Piraten nutzen ihre Aufenthalte an Land nicht nur zum Vergnügen, denn sie müssen sich auch schon auf die nächste Reise vorbereiten. Die Männer müssen frisches Trinkwasser und Lebensmittel besorgen und vor allem das Schiff wieder in Schuss bringen. Etwa einmal im Jahr muss der Rumpf gründlich überprüft werden: Man holt das Schiff an Land, um den Boden zu kalfatern. Dabei wird der gesamte Rumpf von Algen und Muscheln befreit. Fugen und Spalten, die sich im Holz gebildet haben, werden abgedichtet.

Wer sind die Bukanier?

Die Bukanier leben ursprünglich als Jäger auf Hispaniola. Sie verkaufen geräuchertes Fleisch und Leder an vorbeifahrende Piraten oder tauschen es gegen Waffen, Schießpulver oder Rum ein. Als sie von den Spaniern angegriffen werden, schließen sie sich zur Verteidigung zu einer Art Bruderschaft zusammen, zu der auch entlaufene Sklaven und Strafgefangene stoßen. Die Bukanier gehen mit ihren Barken auf Streifzug, um Dörfer in den spanischen Kolonien anzugreifen oder spanische Schiffe zu plündern.

Pirateninseln

Unter den zahlreichen Stützpunkten der Piraten spielen zwei Inseln eine wichtige Rolle: Die Insel **Tortuga** liegt vor der nördlichen Halbinsel Hispaniolas (Haiti). Sie ist von 1630 bis 1660 der Hauptstützpunkt der Bukanier. Sie liegt nahe am Seeweg der spanischen Galeonen und hat auch eine günstige geografische Lage. Im Norden ist sie durch Berge geschützt, im Süden bildet eine Bucht einen sicheren Hafen. Einige Jahre lang ist sie ein beliebter Aufenthaltsort für Piraten, die von den Erträgen ihrer Beutezüge und dem Handel mit Tabak, Fleisch und Leder leben. **Madagaskar** liegt südöstlich von Afrika. Im 17. Jahrhundert wird die Insel durch ihre gute Lage zu einem wichtigen Schlupfwinkel für Piraten und Freibeuter: Sie liegt direkt auf der Handelsroute nach Indien, auf der ständig voll beladene Schiffe kreuzen.

Die Bukanier verdanken ihren Namen dem französischen Wort „boucan" für „Räucherhaus". Die Indianer zeigen ihnen, wie man Fleisch durch Räuchern haltbar macht.

ATTACKE!

Seit der Antike dreht sich für die Piraten alles um das Entern fremder Schiffe, ob sie nun mit Säbeln oder Äxten kämpfen oder Kanonen donnern lassen. Leben und Schicksal hängen von diesem Augenblick ab. Jeder Seeräuber nimmt seinen ganzen Mut und all seine Kraft zusammen. Die Piraten wenden bei ihren Überfällen verschiedene Taktiken an wie z.B. den Angriff aus dem Hinterhalt. Die größte Hoffnung der Piraten besteht darin, dass der Laderaum des geenterten Schiffes voller Schätze ist. Obwohl die Piraten für ihre Gewalttätigkeit bekannt sind, verlaufen nicht alle Überfälle blutig.

Die Schwäche der Piraten

Die Waffen sind meist der Schwachpunkt der Seeräuber. Wenn die Männer Gewehre haben, fehlt ihnen meist die Munition. Nach dem 16. Jahrhundert können ihre Säbel und Dolche gegen die feindlichen Kanonen nicht mehr viel ausrichten. Angesichts der immer besser ausgerüsteten Schiffe müssen die Piraten ihren Einfallsreichtum unter Beweis stellen und sich immer neue Listen ausdenken, damit sie ihre waffentechnisch überlegenen Gegner besiegen können.

Die Waffen

Piraten besitzen selten ein Schiff mit Kanonen, es sei denn, sie konnten eins erobern. Ihre gängigsten Waffen sind Säbel, Dolche, Pistolen und Äxte, aber auch Handgranaten. Das sind hohle Kanonenkugeln, die mit Pulver geladen sind und die, kurz bevor man sie auf den Gegner wirft, angezündet werden. Damit den Piraten die Munition nicht ausgeht, tragen sie oft mehrere Waffen bei sich. Man sagt, der Pirat Blackbeard habe sechs Pistolen an seinem Gürtel getragen.

Mit List und Tücke

Die Seeräuber wenden verschiedene Tricks an, um ihre Gegner zu überrumpeln. Beispielsweise hissen sie deren Fahne, sodass ihre Opfer vertrauensvoll näher kommen.
Eine andere Taktik besteht darin, so zu tun, als sei man in Schwierigkeiten. Die Piraten bringen ihr Schiff ins Schwanken und winken verzweifelt. Einschüchterung ist ebenfalls ein wirksames Mittel: Ein Piratenschiff verfolgt stundenlang ein Handelsschiff und jagt dessen Mannschaft durch schreckliches Grölen und Gewehr- oder Kanonenschüsse Angst ein. Dadurch sind die Opfer im Moment des Angriffs viel zu verwirrt, um sich zu wehren.

Unheimliche Fahnen

Ein Schiff mit einer schwarzen oder roten Fahne verheißt nichts Gutes! Auch wenn die schwarze Fahne mit dem Totenkopf und den gekreuzten Knochen darunter die berühmteste ist, haben sich die Piratenkapitäne noch viele andere ausgedacht, mit denen sie ihre Opfer erschrecken. Die meisten dieser finsteren Fahnen zeigen Skelette, Totenköpfe, Säbel oder Stundenuhren. Das bedeutet: Die Todesgefahr naht, der Kampf beginnt und für die Opfer hat das letzte Stündlein geschlagen.

Die Piraten haben den Ruf, blutrünstige Bestien zu sein, die zum Foltern bereit sind, Kehlen durchtrennen und gewissenlos morden. Sie verbreiten die schrecklichsten Gerüchte über ihre Taten und versetzen jeden, der ihren Weg kreuzt, in Angst und Schrecken. Wenn ein Schiff geentert ist, nehmen die Piraten die Schiffsbrücke ein, stürzen sich mit Gebrüll auf die Besatzung und bedrohen sie mit Pistolen oder Säbeln. Die Besatzung ist diesen wilden Angriffen meist völlig hilflos ausgeliefert.

GEFÄHRLICHES GLÜCK

In der Hoffnung auf das große Glück schließen sich einfache Matrosen den Piraten und Freibeutern an. In den Häfen kursieren die wildesten Gerüchte über Schiffe voller Reichtümer: Man spricht von Gold, Silber, Edelsteinen und großen Schatztruhen. Manchmal kann tatsächlich spektakuläre Beute gemacht werden, die die kühnsten Erwartungen übertrifft. Aber sehr oft bringen die Überfälle nicht die erwarteten Reichtümer ein. Auch wenn einige Piraten wohlhabende Männer werden, enden andere am Galgen.

Welch ein Glück!

Zu den begehrtesten Beutestücken gehören Gold- und Silberbarren, Edelsteine, feines Porzellan, Waffen, Gewürze und andere Kostbarkeiten. Die beladenen Schiffe werden geplündert. Weigert sich ein Kapitän, das Versteck einer Schatztruhe preiszugeben, drohen die Piraten damit, das Schiff zu versenken und den Kapitän ins Wasser zu werfen. Nach dem Angriff wird die Beute geteilt. Perlen und Schmuck lassen sich sofort aufteilen, Lebensmittel oder Tiere müssen die Piraten beim nächsten Landgang an Händler oder andere Banditen verkaufen oder eintauschen.

Jeder bekommt seinen Anteil

Die Beute wird nicht immer auf die gleiche Weise geteilt. Bei den Bukaniern in der Karibik zum Beispiel bekommen der Kapitän und seine wichtigsten Männer doppelt so viel wie die einfachen Piraten. Diese wiederum erhalten etwas mehr als der Zimmermann und die Schiffsjungen, die nicht ihr Leben im Kampf aufs Spiel setzen. Bei den Freibeutern wird die Beute durch drei geteilt: ein Drittel für den König, ein Drittel für den Schiffsbesitzer und ein Drittel für den Kapitän und seine Mannschaft.

Der Nachschub wird knapp

Piraten greifen nicht immer nur aus Habgier an. Manchmal überfallen sie fremde Schiffe auch, um sich mit Lebensmitteln und Ausrüstung wie Seilen, Segeln oder Fässern zu versorgen. Wenn sie keine Schätze finden, rauben die Seeräuber die Passagiere aus und nehmen ihnen Schmuck und Waffen ab. Ein Arztkoffer oder eine Seekarte können ebenfalls nützliche Beutestücke sein.

Zur Abschreckung werden hingerichtete Piraten in eine Art Käfig gehängt. Der Körper des Toten verwest darin, sodass Familie und Freunde ihn nicht beerdigen können. Der Verurteilte hängt am Hafeneingang und soll diejenigen eines Besseren belehren, die sich den Piraten anschließen wollen.

Ein trauriges Schicksal

Seeräuber leben meist nicht lang. Wenn sie nicht im Kampf oder an den Folgen einer Verletzung sterben, nimmt ihr Leben in schäbigen Verließen oder am Galgen sein Ende. In der Antike müssen gefangene Piraten auf den Galeeren rudern. Im Mittelalter werden die Vitalienbrüder geköpft und öffentlich zur Schau gestellt. Die Engländer sperren französische Korsaren in schwimmende Gefängnisse. Eine der schlimmsten Strafen ist ein Eisenkäfig im Londoner Hafen. Darin bleibt der Körper des Gehängten bis zu seiner völligen Verwesung hängen.

PIRATEN IM FERNEN OSTEN

Im Laufe der Zeit rüstet man die Handelsschiffe mit immer besseren Waffen aus. Viele Piraten werden gefangen genommen und auch die Schiffsladungen sind nicht mehr so wertvoll. Um das Jahr 1730 nehmen die Piratenangriffe in der Karibik ab. Doch nun wecken die neu entdeckten Reichtümer des Fernen Ostens die Neugier der europäischen Piraten. Diese Piraten verlegen ihre Beutezüge auf den Indischen Ozean und auf die Meere Chinas und Südostasiens. Dort treiben bereits viele asiatische Piraten ihr Unwesen.

Die Geschichte der chinesischen Piraterie

Die Meere Chinas und Südostasiens sind immer ein wichtiger Schauplatz der Piraterie gewesen. Chinesische Häfen wie Kanton sind schon seit der Antike Handels- und Tauschzentren, die die Versorgung des Landesinneren gewährleisten. Südchina baut im Laufe seiner Geschichte Handelsbeziehungen zu Malaysia, Indien und Japan und bald auch zu Europa auf. Es wird lebhaft Schmuggel betrieben und zahlreiche chinesische Bauern schließen sich den Piraten an, weil sie ihre Familien nicht mehr ernähren können. Im 16. Jahrhundert greifen chinesische und japanische Seeräuber im Auftrag großer Handelsfamilien Schiffe des chinesischen Kaisers an.

Von der Karibik zum Indischen Ozean

Im 18. Jahrhundert werden die Beutezüge in der Karibik immer weniger reizvoll. Deshalb steuern die Piraten den Indischen Ozean an. Die Entdeckung Indiens im Jahr 1497 durch den Portugiesen Vasco da Gama hat den Seehandel zwischen Europa und Asien in Gang gebracht. Die Schiffe englischer, holländischer und französischer Handelsfirmen kreuzen auf dem Indischen Ozean und dem Pazifik.

Welchen Hafen die europäischen Schiffe in Asien auch immer ansteuern, stets passieren sie Madagaskar: Deshalb lauern ihnen dort immer mehr Piraten auf.

INDIEN

SÜDCHINESISCHES MEER

INDISCHER OZEAN

PAZIFIK

MADAGASKAR

Die Ankunft der Europäer

Als die Europäer die Reichtümer Asiens entdecken, entstehen durch den Handelsaustausch zwischen Europa und China große Veränderungen. Portugiesen, Holländer und Engländer schließen sich zusammen und wollen das Netz der asiatischen Piraten zerschlagen, die auf den Meeren Südostasiens und an den Küsten Indiens wüten. Die Europäer versuchen ihre Handelsschiffe vor Überfällen zu schützen. Doch dabei vergessen sie die europäischen Piraten, die von Gewürzladungen, Seide, Porzellan, Tee und Kaffee angelockt werden.

Die Zeit des Handels mit Opium (ein Rauschgift, das damals in Asien weit verbreitet ist) und mit Sklaven stellt die Blütezeit der asiatischen Piraterie dar. Aber die Engländer setzen ihr ein Ende: Sie entwaffnen alle Dschunken der chinesischen Piraten. Der erbitterte Kampf zwischen Schmugglern und Händlern auf den Meeren Südostasiens dauert jedoch noch lange Zeit an.

Für die Europäer sind die wichtigsten Importgüter aus Asien Gewürze (Nelken, Zimt, Muskatnuss, Pfeffer usw.), Tee und Kaffee. Auch feinstes chinesisches Porzellan ist in Europa sehr begehrt.

BERÜHMTE PIRATEN UND FREIBEUTER

Einige der Piraten haben sich durch die Schrecken, die sie verbreitet haben, ihre kühnen Angriffe oder ihr Erscheinungsbild besonders hervorgetan. Zahlreiche ihrer Taten sind uns bekannt. Manche Namen kehren immer wieder, sei es, weil diese Männer von Königen und Königinnen unterstützt wurden, oder weil ihre rücksichtslose Grausamkeit nicht vergessen wurde. In den Überlieferungen ist auch von zwei Frauen die Rede: Vielleicht war die Piraterie doch nicht nur eine Angelegenheit der Männer.

Ein Freibeuter im Dienste der Königin

Händler, Reeder, Schmuggler: Sir Francis Drake gehört zu den berühmtesten englischen Freibeutern. Sein Onkel John Hawkins hat als Erster den Sklavenhandel zwischen Afrika und Amerika betrieben. Um 1570 beteiligt sich Drake an Angriffen in der Karibik. Als erster Freibeuter greift er die Spanier auf diesem sicher geglaubten Gebiet an. Sogar bis ins Landesinnere Mittelamerikas dringt er vor: Dort überfällt er Maultierzüge, die spanische Schätze aus den Inkastädten abtransportieren. 1577 erbeutet er auf dem Pazifik eine spanische Galeone, deren Ladung 57 Millionen Euro wert ist. Nach seiner Rückkehr nach England wird er von Königin Elisabeth I. geadelt.

Nach Magellan umsegelt Drake im Jahr 1577 als Zweiter die Welt und überrascht die Spanier an der Pazifikküste.

Frauen werden im Allgemeinen auf Piratenschiffen nicht geduldet.

Weibliche Piraten

Die Engländerin **Mary Read** wächst wie ein Junge auf. Sie wird später Matrose und Soldat. Auf einem holländischen Schiff segelt sie mit nach Indien. Als sie unterwegs von Piraten gefangen genommen wird, schließt sie sich ihnen an. Oft mutiger und tatkräftiger als die Männer nimmt sie an allen Kämpfen teil, bevor sie 1720 verhaftet wird.

Mary Read (1690 – 1720)

Anne Bonney stammt aus Irland und wächst in Amerika auf. Sie folgt ihrem Mann in die Karibik, wo sie auf eine Piratenbande stößt, zu der auch Mary Read gehört. An Bord haben die beiden Frauen dieselben Aufgaben wie die Männer. Sie kämpfen auch bei Angriffen mit. Nach ihrer Gefangennahme werden sie nicht gehängt, da jede von ihnen ein Kind erwartet.

Ann Bonney (16? – 1720)

Der schreckliche Blackbeard

Dieser englische Pirat macht Anfang des 18. Jahrhunderts zunächst die Karibik und dann die Küsten Nordamerikas unsicher. Seinen Namen Blackbeard (Schwarzbart) verdankt er seinem langen, geflochtenen, schwarzen Bart. Der Furcht einflößende Pirat greift alle Schiffe an, die ihm in den Weg kommen. Als Blackbeard die Karibik verlässt, um die Küstenstädte Virginias und Carolinas zu überfallen, setzt der Gouverneur von Virginia einen Preis auf seinen Kopf aus. Zwei englische Kriegsschiffe greifen 1718 sein Schiff an und Blackbeard stirbt nach erbittertem Kampf. Man sagt, sein Kopf sei auf dem Schiff der Sieger aufgehängt worden.

Bei einem Angriff steckt Blackbeard brennende Lunten unter seinen Hut. Die Rauchschwaden um sein Gesicht erschrecken seine Gegner zusätzlich.

Edward Teach, genannt Blackbeard (1680 – 1718)

Berühmte französische Korsaren

Jean Bart, Duguay-Trouin und Surcouf sind große französische Korsaren des 17. und 18. Jahrhunderts. Bart und Duguay-Trouin bringen dem Königshaus so viel Beute ein, dass sie von Ludwig XIV. geadelt werden. Auf dem Ärmelkanal, dem Atlantik oder auf dem Weg nach Indien führen sie zahlreiche Kämpfe. Jean Bart gelingt es, sich aus englischer Gefangenschaft zu befreien, indem er die Gitterstäbe seiner Zelle durchfeilt.

Jean Bart (1650 – 1702) und René Duguay-Trouin (1673 – 1736)

Der Korsar Robert Surcouf (1773 – 1827)

INHALTSVERZEICHNIS

DIE SEERÄUBER **6**

PIRATEN AUF DEM MITTELMEER **8**

AUF NORD- UND OSTSEE **10**

VON EUROPA IN DIE KARIBIK **12**

SCHIFFE IN DER KARIBIK **14**

DAS LEBEN AN BORD **16**

DIE AUFENTHALTE AN LAND **18**

ATTACKE! **20**

GEFÄHRLICHES GLÜCK **22**

PIRATEN IM FERNEN OSTEN **24**

BERÜHMTE PIRATEN UND FREIBEUTER **26**

© der deutschsprachigen Ausgabe:
Fleurus Verlag GmbH, Köln 2002
Alle Rechte vorbehalten
© Editions Fleurus, Paris 2002
Titel der französischen Ausgabe:
La grande imagerie, Les pirates
ISBN 3-89717-164-3
Printed in Italy

10 9 8 7 6 5 4 3 2 1

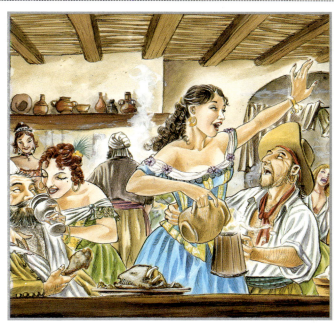

Die Freibeuter in der Karibik
teilen ihre Beute am gerechtesten auf:
Der Anteil richtet sich nach Rang
und Aufgabe eines jeden Piraten.
Ein Schatz aus Gold oder Edelsteinen
lässt sich leicht aufteilen.
Waren wie Tee, Kaffee, Gewürze oder
Porzellan werden weiterverkauft.

Blackbeard ist ein
schrecklicher Pirat, der
im 18. Jahrhundert sein
Unwesen in der Karibik
und an den Küsten
Nordamerikas treibt.
Er trägt sechs Pistolen
an seinem Gürtel und
steckt bei Überfällen
brennende Lunten in
sein Haar, um seine
Opfer noch mehr
einzuschüchtern.

Im Gegensatz zum Piraten
hat der Freibeuter die
Erlaubnis des Königs,
feindliche Schiffe
anzugreifen und die
Ladung zu stehlen.
Den größten Teil der Beute
bekommt der König.
Die bekanntesten Freibeuter
sind die Engländer
Hawkins und Drake und
die Franzosen
Duguay-Trouin, Bart und
Surcouf.

Bei ihren kurzen Landgängen
vergnügen sich die Piraten und geben
fast ihr gesamtes erbeutetes Geld aus.
Sie feiern in Tavernen, spielen Karten,
trinken Rum und Bier und vergessen
für kurze Zeit das harte Piratenleben.
Die Wirte freuen sich über das viele Geld,
das sie durch die Piraten verdienen.

Das eintönige Warten auf einen Angriff,
die lange Zeit auf dem Meer, die Enge auf dem Schiff
und die Nahrungsknappheit machen das Leben
an Bord schwer. Häufig gibt es Streit, der auch zum
Aufstand führen kann. Der Kapitän sorgt mit strengen
Vorschriften für Disziplin: So ist zum Beispiel
Alkoholgenuss nur vor Angriffen gestattet, damit sich
die Piraten Mut antrinken können.

Einmal im Jahr reparieren die Piraten
an Land ihr Schiff. Es wird kielgeholt und
die Besatzung kratzt Algen und Muscheln
vom Rumpf ab. Danach müssen alle Risse
im Holz gekittet werden, um das Schiff
wieder abzudichten. Ein Zimmermann ersetzt
zerbrochene oder abgenutzte Holzteile.

Seit dem Mittelalter beherrschen
Piraten die Meere Chinas und
Südostasiens. Sie schmuggeln
und handeln mit Sklaven.
Ab dem 17. Jahrhundert treiben
die Europäer Handel mit Asien und
versuchen immer wieder,
der Piraterie dort ein Ende zu setzen.